Taschenbuch xxyyzz

©Albert Hansen 2014

Über den Autor:
Die ersten Kindheitsjahre wurden in einem kleinen Ort in Schleswig-Holstein erlebt. Nach dem frühen Tod des Vaters Umzug nach Süd-Deutschland, aufgewachsen in einer Kleinstadt. Erste Gedichte und Lieder entstanden bereits während der Schulzeit . Beruflich zog er aber zuerst in die Technik. In seiner Freizeit zeigt sich die tiefe Verbindung zur Natur und auch seiner ursprünglichen Herkunft. Die meisten Reisen führten in nordische Länder, oft an die Ostsee. Viele Eindrücke der Reisen werden in teils außergewöhnlichen Fotos festgehalten.

Albert Hansen

Der Nebel lichtet sich

BoD Taschenbuch

copyright ©2014 Albert Hansen
Herstellung und Verlag:
BoD – Books on Demand, Norderstedt.
www.bod.de

ISBN 9-783735-781239

Gleichgewichts- und Sehstörungen
und welche Gedanken
   daraus entstanden sind.

©Albert Hansen 2014

6

Inhaltsverzeichnis

- 1 Übersicht..9
- 2 Vorüberlegungen..13
- 3 Der Nebel lichtet sich..17
  - 3.1 Der Begriff der Bewusstseinserweiterung und seine falsche Auslegung...18
  - 3.2 Ent-Täuschung = Erkenntnis.....................21
  - 3.3 Was ist Liebe ?...25
  - 3.4 vom Selbst-Wert, dem Wert des "ICH".........29
  - 3.5 Über Schuld und Schuld-Zuweisung..........35
  - 3.6 Eifersucht und Neid – ein starkes Paar........39
  - 3.7 Grenzen, die Vorstellung einer "absoluten" Trennung. 43
  - 3.8 Wenn das Mittel zum Zweck wird................47
  - 3.9 Vom Suchen und Finden..............................49
  - 3.10 Werte, Bewertungen, Wert-Systeme.........51
  - 3.11 Über Vorstellungen, Wünsche und Erkenntnis...........55
  - 3.12 Vom Wert der Gleichgültigkeit....................59
  - 3.13 Warum "Glück haben" "glücklich sein" ausschließt. 63
  - 3.14 Wenn das Erlebnis "nur" noch Ereignis wird.............65
  - 3.15 Das Rätsel der menschlichen Wahrnehmung............67
  - 3.16 Zeit, die menschliche Gier aus Angst vor dem Tod....71
  - 3.17 Wahrnehmung und Wertschätzung des "ICH"...........75
  - 3.18 Wissen, Glauben, Erfahrung und Erkenntnis.............77
  - 3.19 Frieden..81
  - 3.20 Form und Inhalt – Ursache und Absicht, Zweck...85
  - 3.21 Farbe..87
- 4 Von der Klarheit der Gedanken...........................89
- 5 Nachwort..93

1 *Übersicht*

<u>Vorüberlegungen</u>:

Bewusstseins – Ebenen (Reichweite)
 schrittweise Erweiterung der bewusst wahrgenommenen
 "Räume" des ICH
 (Verschachtelungsprinzip von innen nach außen)
 Individuum → Gruppe → Staat → Welt → Kosmos

<u>Aufklarende Gedanken:</u>

Der Begriff der Bewusstseinserweiterung
 und seine falsche Auslegung

Ent - Täuschungen = Erkenntnis(se)
 neu oder (nur) bewusst machen

Form und Inhalt, oft ein schwer durchschaubares Paar
 Inhalt = z.B. Bedeutung, Absicht

Neid und Eifersucht – ein starkes Paar (leider)

Grenzen, die Vorstellung einer "absoluten" Trennung

Warum "Glück haben" "glücklich sein" ausschließt
 glücklich ist innen
 Glück ist außen

Was ist Liebe ?
… Lieben wird oft mit Loben verwechselt

(Selbst -)Wert - sein oder haben ?
Wert als Subjekt oder Eigenschaft

Schuld = Ursache mit negativer Bewertung
Ursache und Wirkung unterscheiden (lernen)

Werte, Bewertungen, Wert-Systeme
Das Problem mit dem menschlichen Egoismus (als Individuum und Gruppe)

Vom Wert der Gleichgültigkeit
gleich gültig sein,
Wenn alles gleich gültig ist, gibt es keine Unterscheidung von Werten.

Über Vorstellungen, Wünsche und Erkenntnis
Vorstellungsvermögen, Wunschvorstellung, Wertvorstellung

Wenn das Mittel zum Zweck wird
aus "suchen" wird Sucht
aus "bedürfen" wird Gier

Vom Suchen und Finden – was ist Angst
Suchen ist abhängig von einem Zweck und/oder einer Absicht

Zeit   -   eine Erfindung der menschlichen Gier
   (nach möglichst viel Wert, Dingen, Erlebnissen, Macht)
   aus Angst vor dem Tod

Frieden   -   die innere und äußere Balance
   Frieden schaffen = ausbalancieren
   Frieden sein   = ausgeglichen sein

Wissen, Glauben, Erfahrung und Erkenntnis
   die feinen aber bedeutenden Unterschiede

Wenn das Erlebnis "nur" noch Ereignis wird
   hängt von der Geschwindigkeit der erlebten Ereignisse ab

Farbe   -   farb – los und transparent
   Ein Gegensatz zu Farbe existiert nicht

Nachwort

12

2 *Vorüberlegungen*

14

Bewusstseins – Ebenen

schrittweise Erweiterung der bewusst wahrgenommenen "Räume", in dem sich das menschliche "ICH" befindet (oben und unten).

Verschachtelungsprinzip von innen nach außen;

Individuum → Gruppe → Staat → Welt → Kosmos

1. Ebene = innerster (in erster) Raum:

    der Mensch sieht nur sich und was ihn am Leben erhält bzw direkt nützt und schadet

2. Ebene = das Individuum innerhalb einer
    "kleinen" Gruppe

    der Mensch erkennt erste Zusammenhänge und Abhängigkeiten d.h. Vorteile, die er nur in Rücksicht auf eine zusammenwirkende Gemeinschaft erreichen kann.

3. Ebene = das Individuum innerhalb einer
    "großen" Gruppe

    der Mensch erkennt größere Zusammenhänge und Abhängigkeiten d.h. Vorteile, die er nur in Rücksicht auf zusammenwirkende Gemeinschaft - **en** (Plural) erreichen kann, z.B in Ort, Staat

4. Ebene = das Individuum in dieser Welt

    der Mensch erkennt globale Zusammenhänge und Abhängigkeiten d.h. Vorteile, die er nur in Rücksicht auf globale d.h. staatenübergreifende Zusammenhänge wie z.B. ökologische erhalten kann.

5. höchste Ebene = das Individuum im
   Kosmos

   Das Individuum erkennt, dass es Teil eines nicht begreifbaren Systems ist, da es sich seiner begrenzten Wahrnehmungsmöglichkeiten (auch trotz raffiniertester Technik) bewusst ist.
   Deshalb _beschränkt_ sich der Mensch _bewusst und freiwillig_ auf einen rücksichtsvollen Lebensstil in Ebene 4.
   Da er ja den Kosmos nicht positiv zu seinen Gunsten manipulieren kann, kann er im besten Falle nur Neutralität des Kosmos „gegen den Menschen" weiterführen.
   Jeder Versuch den Kosmos zu manipulieren steigert zwangsläufig die Wahrscheinlichkeit negativer (Aus-) Wirkungen auf den Menschen !

3   Der Nebel lichtet sich

3.1 Der Begriff der Bewusstseinserweiterung und seine falsche Auslegung

Bewusstseinserweiterung, die Erweiterung des Bewusstseins wird leider zu häufig (meist?) in der Art falsch ausgelegt, gedeutet, verstanden und auch verwendet,
dass damit die Denkweise „nur" in **einer** höheren (komplexeren, abstrakteren) Um – Welt – Ebene, das Bewegen nur in dieser Ebene (einen oder sehr wenigen = dünne Schicht) verstanden wird.
Richtig ist, Bewusstseinserweiterung meint das Betrachten, Wahrnehmen und Erkennen

    sowohl   aus einer höheren Ebene

    d.h. weiter überblickenden Perspektive

    als auch   das Durchschauen in tiefere Ebenen.

Beim Blick aus einer höheren Perspektive werden aber immer auch alle darunterliegen zuvor schon erkannten Ebenen weiterhin und (mind.) gleichermaßen erkannt.
Erkannt werden Dinge, Sachverhalte, Zusammenhänge, Wirkungen und dergleichen.
Das falsche Verständnis und die falsche Verwendung des Begriffs Bewusstseins<u>erweiterung</u> liegt daran,
dass das „lebendige" Bewusstsein immer nur eine oder sehr wenige Ebenen (dünne Schicht) auf einmal bzw gleichzeitig wahrnehmen, verstehen und Zusammenhänge in eng begrenztem Zusammenwirken erkennen kann.

Die „normale" Entwicklung des menschlichen Bewusstseins geht nur insofern weiter, dass auf einer höheren Abstraktionsebene (-schicht) gedacht werden kann. Darunterliegende Zusammenhänge gehen verloren oder erfordern extrem viel Denkarbeit und Zeit.

Beispiele sind Auto, Flugzeug aber auch Vergangenheit und die eigene Geschichte eines Menschen.

3.2 Ent-Täuschung = Erkenntnis

= Aufdeckung, Durchschauen von Täuschungen (Maja, Maya)

Enttäuschung hängt eng mit *Schuld-Zuweisung* zusammen.

Denn sie enthüllt unsere eigenen Ansprüche, Wunschdenken und damit unseren Egoismus.

Anstatt die Enttäuschung zur Schuld-Zuweisung (an andere Menschen, Dinge oder Verhaltensweisen) zu verwenden,

sollten wir die neue(n) Erkenntnis(se) dazu verwenden, im wahrsten Sinne des Wortes "Bewusstseinserweiterung" unser eigenes Bewusstsein zu erweitern d.h. unser eigenes Wunschdenken und/oder Verhalten zu erkennen, zu hinterfragen und bestenfalls zu korrigieren.

Der Mensch, der oft Enttäuschungen erlebt, hat ein "generelles" Problem mit seiner Aufmerksamkeit, Beobachtung, Beachtung, auch mit der ehrlichen Deutung dessen was er sieht, wahrnimmt im eigentlichen Sinnes des Wortes für wahr annimmt, als Wahrheit glaubt.

Der wahrhaft Sehende kann keine Enttäuschungen erleben.

Achtung / Beachte auch:

Ent – Täuschung *erleben*

    heißt selber Erkenntnis erlangen

ent-täuscht *werden*

    heißt selber erkannt werden !

    Im Klartext: erkennen (müssen), dass man selber "richtig" erkannt wurde, dass die vom SELBST verursachte Täuschung bzw Täuschungsversuch aufgedeckt und durchschaut wurde.

Seine eigene Unfähigkeit oder Unehrlichkeit, die Wahrheit zu sehen, sehen zu wollen, sehen zu können, sehen wollen zu können,

und sein eigenes ICH ehrlich zu zeigen !

Wenn ein Mensch "einfach so"
　　ent – täuscht **ist**
　　dann zeigt er auf sich selber, sein eigenes ICH.

Er hat "falsche" Wahrnehmung, Wünsche, Vorstellungen von sich selber.

Und die hat er in diesem Moment aufgedeckt, diese Selbst – Täuschung ent – täuscht,

erkannt genau in diesem Moment.

Der Mensch ist von *innen* getäuscht,

er hat sein ICH falsch wahrgenommen oder hat andere Wünsche und Erwartungen an sein ich, d.h. von sich selbst.

Wenn ein Mensch eine Sache, Person, Situation
benennt, <u>von</u> der er enttäuscht ist.

Dann hat er erkannt, dass er diese durchschaut oder falsch angeschaut hat d.h. mit anderen Erwartungen, Hoffnungen, Wünschen.

Der Mensch ist von *<u>außen</u>* getäuscht worden oder hat sich täuschen lassen,

d.h. seine Wahrnehmung von außen ist verfälscht.

3.3 Was ist Liebe ?

Lieben wird oft mit Loben verwechselt.

Wer geliebt werden will, will "in der Regel" gelobt werden.

Dies ist Eitelkeit, an sich keine schlechte Eigenschaft. Nur wird dem Gegenüber dann das Falsche bzw unklar formuliert, was wirklich erwartet wird.

Liebe ist *keine* Erfahrung
Erfahren
Verfahren

Liebe ist eine **Erkenntnis**.

Die Erkenntnis einer Existenz, eines Seins, des eigenen Seins.

Das kann erkannt werden am Ausdruck

(der Mensch will) geliebt **sein**

"ich **hab** dich lieb" meint ich habe dein ICH d.h. die Liebe in dir, Deinen Selbst-Wert erkannt.

Liebe ist Erkenntnis seines SELBST, seines ICH.

Liebe ist das Erkennen des eigenen SELBST – Wertes, nach dem der Mensch so verzweifelt sucht;
die Liebe in Person, die Mensch gewordene Liebe.

Und darin liegt eben das "Problem", den Fokus des Gegenüber auf das "eigentliche" ICH gerichtet zu behalten. Nur zu schnell lenkt ein Verhalten, eine Eigenschaft die Aufmerksamkeit auf sich und damit ab von dem ICH selbst, (meist absichtlich).

Dann wird das ICH nicht mehr (richtig) beachtet und klar erkannt. Es wird überlagert, verzerrt, verfälscht von einem anderen "dunkleren" Bild. Der Gegenüber hat die Person nicht mehr "richtig" lieb, er erkennt die Liebe in der Person nicht mehr (an).

Es gibt den sehr alten Ausspruch, den fast kein Mensch richtig versteht:

Suche die Liebe –
und du wirst dich selbst finden.

Beachte sorgfältig die Bedeutung jedes einzelnen Wortes:
    "dich selbst"   meint   Dein ICH selbst.
Die Existenz des eigenen ICH als eigenständige Existenz unabhängig vom eigenen Körper und dessen Eigenschaften.

28

3.4 vom Selbst-Wert, dem Wert des "ICH"

Welche Fragestellung ist "richtig" ?

    Was *ist* dein Selbstwert ?

Oder

    Welchen Selbstwert *hast* Du ?

Haben + *Sein* sind zwei unterschiedliche "Dinge".

Haben ist eine Eigenschaft,
Sein   ist die Existenz eines Objektes, (mit einem
       Anfangszustand, wohlgemerkt hier sogar der einzig mögliche)

Die deutsche Sprache bzw
der deutsche Sprachgebrauch verwendet (leider) ein und das selbe Wort "Wert" für 2 total unterschiedliche Bedeutungen:

wert (voll)   sein: hat keine Quantisierung und
               keine Differenzierung

Wert   haben: beinhaltet eine differenzierte
               Qualifizierung

Viele Menschen werfen beides in einen Topf nur weil sie nicht unterscheiden gelernt haben oder es nicht wollen.
Eine Eigenschaft kann sogar 2 gegensätzliche Bedeutungen (oder Werte) haben je nachdem wie und wozu sie eingesetzt wird, zusätzlich abhängig von der Sichtweise, Richtung, Perspektive.
Um eine "objektive" Einschätzung machen zu können, müssen
      Ursache und Wirkung
unterschieden werden !

Die Ursache zeigt sich in der Existenz des Objektes.
Die Wirkung(en) definiert(en) sich über die Eigenschaften.
Die Existenz ist statisch d.h. unveränderlich (sein oder nicht

sein),
Eigenschaften dagegen sind variabel, unterliegen einer (mehr oder weniger) stetigen Veränderung.

Der Wert des SELBST bzw ICH wird gleichzeitig mit der Bewusstmachung, dass ein ICH existiert, festgelegt, ist also statisch während der ganzen Dauer des Bewusstseins.

Eigenschaften unterliegen Veränderungen verteilt über die Zeit d.h. Stunden, Tage, Jahre, Alter; absichtlich und unbeabsichtigt.

Der Wert von Eigenschaften ist also dynamisch und letztendlich vergänglich.

Wenn eine Person versucht, ihren Selbst-Wert über ihre Eigenschaften zu definieren, dann wird sie früher oder später sprichwörtlich "alt" aussehen.

Dieses Sehen ist aber ausschließlich ihre eigene Wahrnehmung und Be-Wertung.

Siehe auch Kapitel
"Vom Wert der Gleichgültigkeit" !!!

Beachte in diesem Zusammenhang die Aussage:

"(die) Liebe hat keinen Wert"

Liebe auch Selbst-Liebe kann nicht bewertet, ihr kein Wert zugeordnet werden.

Sie entzieht sich jeder "Gewichtung". Sie ist der Wert "an sich".

Wer es dennoch versucht, der hat das Wesen der Liebe noch nicht begriffen oder erkannt.

Warum *sucht ein Mensch nach seinem Selbst-Wert ?*
   doch nur, weil er eine Selbst-<u>Bestätigung</u> braucht.

Warum, wozu braucht der Mensch diese Bestätigung ?
   dass sein Selbst existiert
   dass sein Selbst hervor "leuchtet", (positiv) auffällt.
   Der Mensch möchte auffallen, sich abheben (Kontrast) von anderen,
   er möchte gefallen, Wert geschätzt werden.
   er drängt sich ins Bewusstsein von anderen Menschen.
   er drängt sich anderen Menschen auf, versucht es jedenfalls ohne Rücksicht, ob die das überhaupt wollen.

Warum drängt er sich anderen Menschen auf ?
   er sucht Nähe, Verbindung zu einer größeren Einheit.
   er sucht Liebe d.h. er sucht außerhalb seines ICH
   "Beweise" = Bestätigungen dafür, dass er geliebt ist.

Warum sucht er Nähe und Verbindung ?
   weil er sich abgetrennt fühlt, einsam in Sinne von alleine, vereinzelt.

Warum fühlt er sich abgetrennt ?
   weil er Grenzen (für) wahr (an) nimmt !
   Grenzen, die nur in seiner eigenen Wahrnehmung

existieren,
die er selbst geschaffen hat oder
die er gelernt, anerzogen bekommen, übernommen hat zu "sehen".

An was "erkennt" er Grenzen ?
   am Kontrast, am Widerstand.

Wie löst er Grenzen auf, den Kontrast, den Widerstand ?
   durch ein neu gelerntes Schauen,

   ein Durchschauen, dass gerade die vermeintliche Grenze gleichzeitig und eigentlich genau
      das verbindende Element,

      die verbindende Kraft   ist.

Die Grenze ist genau das, was eine stabile Verbindung garantiert.

Die Grenze ist das, was 2 entgegengesetzte Pole stabil zusammenhält.

34

3.5 Über Schuld und Schuld-Zuweisung

Schuld = (neutrale !) Ursache

Es gibt keine Schuld in der Welt,

       nur Ursache und Wirkung.

Schuld wird nahezu immer mit einem Wert, einer (Be-)Wertung verwendet.

Wertesysteme gibt es viele verschiedene je nach Ansicht, Perspektive, Zweck und Absicht.

Alle Wertesysteme wurden von Menschen erschaffen, ausgedacht, formuliert.

Unseren "Schatten" erzeugen wir Menschen selbst durch Anwenden unseres Wertesysteme auf unsere eigenen Eigenschaften.

Der "Schatten" ist das, wenn wir von uns selbst an uns selbst negativ bewertete Eigenschaften nicht sehen wollen, im Dunkeln verstecken wollen.

Der "Splitter im Auge einer anderen Person" ist ein Teil unseres eigenen Schattens.

Schuld-Zuweisung ist Projektion des eigenen Schatten auf eine andere Person, eine Sache oder Situation.

Schatten: z.B. Egoismus, Stolz, Eitelkeit, Vorteils-,
       Machtansprüche, Gier

Einem Menschen Schuld _zuweisen_ - geht das überhaupt ?

Bedenke: Ursache und Wirkung sind zweierlei !!

Wer Ursache und Wirkung trennt,

kann zwar die Wirkungen d.h. Eigenschaften und Taten bewerten, der Wert des Menschen, sein Selbst-Wert, bleibt aber unbewertet, geachtet.

Damit bedeutet die Aussage,
 "dass ein Mensch schuldig ist, Schuld hat",
lediglich dass er die Ursache ist,

 vielleicht sogar nur die Ursache ausgelöst hat,
die Ursache mit einer noch unspezifizierten Wirkung.

Für die Bewertung der Wirkung ob positiv oder negativ ist eine zusätzliche Aussage bzw Erklärung erforderlich.

Es geht um differenzierte Betr- Achtung der Würde eines Menschen "an sich" und der Bewertung seiner Wirkung z.B. seines Verhaltens.

Dies ist ein grundlegendes Menschenrecht.

38

3.6 Eifersucht und Neid – ein starkes Paar

Beginnen wir mit unseren reinen ursprünglichen Empfindungen für eine Person, Sache, Sachverhalt oder Situation.

Schön, weniger schön, möchte ich lieber nicht, oh Gott bloß nicht.

Empfinden wir etwas schön oder gut, so kommt schnell unser Wunschdenken mit ins Spiel:

hmmm, tät mir auch gefallen
hätte ich auch ganz gerne
versuche ich mir anzueignen, anzuschaffen
will / muss ich unbedingt haben
so will ich nicht bzw auch sein
das steht mir auch zu
ich habe ein Recht darauf
…

Die Möglichkeitsformen würde, hätte, … sind noch "neutral".

Alle weitergehenden Gedanken wie möchte, versuche … zu erreichen, …

beinhalten bereits Neid (-gefühle).

Versuche ich etwas mit Anstrengung d.h. Eifer d.h. "leidenschaftlich" zu erreichen,

so hat mich die Eifersucht gepackt !

Viele kennen den weisen Spruch

"Eifersucht ist Leidenschaft,
 die mit Eifer sucht was Leiden schafft"

Das Leid und Leiden ist also vorprogrammiert mind. bei dem Suchenden sowie häufig auch bei anderen Menschen oder Tieren.

Meist entsteht das Leid bei dem Suchenden zuerst.

Je länger und intensiver er vergeblich (ver-) sucht desto größer wird in der Regel auch das Leid und das Leiden.

Der Leidensdruck nimmt zu d.h. der Druck, das Leid zu erlösen, d.h. die Suche noch mehr zu verstärken.

Der Teufelskreis verstärkt sich und verselbstständigt sich,

d.h. der ursprüngliche Wunsch verblasst und das Mittel (die Suche) wird zum Zweck (Sucht).

Einzig mögliche Lösung:
die Suche generell zu unterbrechen oder beenden und evtl. mit einer vollkommen neuen Suche zu beginnen, sich auf eine neue Suche zu konzentrieren.

Mit einigem Abstand versuchen, das eigene Suchverhalten, Suchstrategie zu hinterfragen und verstehen warum die Suche nicht zielführend ist d.h. das Ziel so nicht gefunden (und erreicht) werden kann.

42

3.7 Grenzen, die Vorstellung einer "absoluten" Trennung

Der Mensch neigt leider dazu, überall Grenzen zu sehen, zu erstellen und zu verteidigen.

Eine Grenze ist die Vorstellung, aber nur die Vorstellung einer "absoluten" Trennung von 2 Dingen, Werten, Sachverhalten, ….

Eine absolute Trennung gibt es nirgends, überall gibt es mehr oder weniger "klar" erkennbare Verbindungen.

Die be*grenzten* Wahrnehmungsmöglichkeiten des Menschen nutzt er selber für die Schaffung zusätzlicher *Ab*grenzungen.

Sie dienen NICHT der EIN - Teilung von Werten, Dingen, Gebieten sondern der MEHR – Teilung d.h. in mehrere Stücke zerteilen eines in Wahrheit unteilbaren Ganzen.

Warum macht der Mensch so was, wozu braucht er es, was ist der Sinn, Zweck, Absicht ?

Grenzen dienen der Gewinnung und/oder Absicherung von Vorteilen eines Menschen gegenüber seinem Nächsten (Nachbar).

Meist stellt er es noch so dar, versucht den Nächsten zu täuschen, in dem er sagt "die Grenze sichert Dich vor Nachteilen durch mich".

Wer etwas oder sich abgrenzt von etwas, der trennt sich selber, andere Menschen oder eine Sache vom Ganzen.

Wer eine Grenze errichtet, verringert seinen eigenen "Besitz", Reichtum, Anteil am Ganzen.

Zwei mögliche Gründe:

1. nur so hat der Mensch wenigstens teilweise Macht, vollständige Macht über einen Teil wenn schon nicht über das Ganze.

   Es ist also einzig die menschliche Gier und Angst, die Grenzen errichtet oder den Menschen dazu veranlasst, Grenzen zu ziehen.

   Es ist die Gier nach Macht !

   Es ist die Angst davor, dass der Nachbar Macht über einen gewinnen könnte.

2. die räumliche und zeitliche Wahrnehmung ist nur möglich sofern innerhalb von Raum bzw Zeit Grenzen erkannt werden.

Wer Grenzen wirklich überwinden und Teile wieder neu verbinden will, der muss zuerst seine eigenen Machtansprüche und seine eigene Angst überwinden und abbauen, vollkommen auflösen.

Das nennt man *Vertrauen*.

Im irdischen Leben "stößt der Mensch schnell an seine Grenzen", jedenfalls in seinem Bewusstsein.

In seinem Unterbewusstsein z.B. in Träumen kann er sehr wohl all diese Grenzen in Raum und Zeit überwinden.

3.8 Wenn das Mittel zum Zweck wird

aus "suchen"   wird   Sucht
aus "bedürfen" wird   Gier

die Suche nach dem Suchen (Suche nach dem Prozess, Vorgang)
der Bedarf eines Bedürfnisses

Dies ist der "Weg" durch den Spiegel hindurch ins Unendliche.

Dies ist eine Vervielfältigung des ICH.

ICH bin bin mir selbst nicht genug.

Die verborgene Gier nach mehr vom ICH.

Zu viele Erwartungen an mich bzw von mir selbst.

Weg zur Auflösung:

→ sich mit weniger Eigenschaften (!) bescheiden lernen.

Durchschauen lernen, warum / wozu wir so viele Erwartungen
    an uns selbst stellen.
    von uns selbst haben.

Woher, von wem kommt die Erwartung, dass wir mehr können, mehr SEIN müssen ?

Ist es anerzogen z.B. Wertvorstellung ?

Ist es abgeguckt = Neid ?

3.9 Vom Suchen und Finden

Die Bedeutung der Angst

… ist die Abhängigkeit von einem Zweck, einer Absicht.

Sie verursacht eine (ziel-) gerichtete Bewegung im weiteren Sinne also sowohl räumlich, zeitlich, gedanklich.

→ Angst dient somit der Orientierung.

Angst ist auch die Kraft vor dem Verloren – gehen
$\qquad\qquad\qquad$ vor dem Verlöschen = Tod

große Frage: **was ist Angst ?**

Angst ist überall.
Angst wirkt immer zwischen "etwas"
Angst treibt auseinander d.h. stößt ab
Angst zieht zusammen d.h. zieht an

→ ***Angst ist die verbindende Kraft***
$\qquad$ ***zwischen 2 entgegengesetzten Polen.***

Angst sorgt für Stabilität.

3.10 Werte, Bewertungen, Wert-Systeme

Sinn und Unsinn von Werten.

Die Selbst – Täuschung mit der (Er-) Schaffung, Lehre und Anwendung von Wertesystemen.

Die Ursache allen Leides und Leiden.

Die Erzeugung von unterschiedlichen Werten ist eine Aufspaltung einer Einheit nämlich des "Einheits – Wertes", des einzigen Wertes der Einheit.

Sie ist die Erschaffung von Grenzen im Bewusstsein der Menschen.

Sie ist eine ungleichmäßige Zer(r)-Teilung.

So erst wird Un – Gleichheit
                Un – Gleichgewicht = Gleichgewichtsstörung
erzeugt.

Erzeugen von Werten, die Lehre und die Anwendung d.h. die Zuordnung von Werten zu etwas,

dies stört die Balance, die gleich(e) Gültigkeit,
    zerstört den Frieden.

Der Mensch verwendet die Begriffe
    Einheit   und
    Einheits – Wert   völlig falsch !

Er setzt sie nämlich den Begriffen
    Teil- en   und
    Teil – Wert   gleich.

Erst die Summe der Teile, die Summe aller Teile ergibt **ein** Ganzes, die **Ein**heit.

Die Selbst – Täuschung ist die, dass der Mensch versucht durch zer – teilen eines einzigen Ganzen (Kosmos) ein Vielfaches zu sehen, zu erhalten.

Dies entspricht zwar seiner irdischen, aber nur **der vom Körper abhängigen** Wahrnehmung.

Der einzige **un**eigennützige Sinn eines Werte - Systems
   ist der Versuch,
      eine Ordnung im Chaos des Lebens zu schaffen
   zum Zweck der Orientierung.

Die Aussage
   "*Siehe, ich habe die Welt überwunden*"   (Jesus)

meint (vermutlich, sicherlich ?)

siehe, ich habe alle Täuschungen in der irdischen Welt erkannt, durchschaut und verstanden, dass alle Schuld und Schatten vom Menschen selbst erzeugt werden durch sein egoistisches Wunsch- und Anspruchsdenken und -handeln, seine Unterscheidung von Werten.

Bestrafung kann nur Sinn machen und Erfolg haben, wenn die Art der Strafe dem Bestraften die Möglichkeit gibt, die Wirkung(en) seiner Tat zu durchschauen und so zu neuer Erkenntnis zu kommen.

Die gewünschte Erkenntnis muss in der Art der Bestrafung für den Bestraften erkennbar sein.

3.11 Über Vorstellungen, Wünsche und Erkenntnis

Vorstellungsvermögen, Wunschvorstellung, Wertvorstellung

eigene Wunsch – Vorstellungen

    Wert   – Vorstellungen

Vorstellungen: "andressierte", anerzogene
abgeguckte, übernommene
nachgeahmte

→ das eigene Wertesystem, Bewertungssystem
  hinterfragen: woher
                warum
                zu welchem Zweck, mit welcher Absicht

→ Erkenntnis:
- jede Bewertung hat einen Zweck, eine Absicht
- jede Bewertung enthält eine Quantifizierung
  (besser, /schlechter als .., Wert xyz)
  und damit einen Vergleich mit "etwas Ähnlichem"
- der Mensch, der seinen eigenen Egoismus durchschaut und erkennt,

  fast jeder seiner Gedanken und Handlungen hat
    einen Zweck
    und / oder eine Absicht

  und in jedem Zweck und Absicht steckt eine Bewertung, wenn nicht direkt, dann indirekt .

  Anschließend wird nämlich das "Ergebnis" ausgewertet und neue Schlüsse und Entschlüsse daraus gezogen
  (das Leben muss schließlich weitergehen, neue Schritte und Entscheidungen werden unumgänglich)

-

Wünsche und Vorstellungen <u>kann</u> man **lehren** und **lernen.**

Erkenntnisse, Erkennen <u>dagegen nicht;</u>
dies kann man nur "machen", gewinnen,
lediglich die Art zu beobachten, wo der Mensch hinsehen muss und welche Hilfsmittel er ggfs. dazu verwenden kann bzw vielleicht hilfreich und unterstützend sein können, kann gelehrt bzw gelernt werden.

Wünsche und Vorstellungen kann man **übermitteln, mitteilen, weitergeben, jedenfalls teilweise**

Erkenntnisse, Erkennen dagegen nicht,
beides muss der Mensch, die Person selber erfahren in seinem "Inneren", bewusst oder unbewusst; beides ist möglich.

s.a. Kapitel "Wissen, Glauben, Erfahrung und Erkenntnis".

3.12 Vom Wert der Gleichgültigkeit

gleich gültig sein,

den gleichen Wert haben bedeutet gleichzeitig "keinen" Wert haben, da es keine Unterscheidung von Werten gibt.

Einem Menschen, einer Sache, einem Sachverhalt oder Situation gleichgültig gegenüber zu stehen, zu zeigen ist genaugenommen die beste weil fairste Einstellung, die einzig mögliche *objektive* Einstellung.

Denn allein in der Gleichgültigkeit zeigt sich, zeigt man/frau, dass es kein „besser **als**", schöner als, wichtiger als, … und ebenso auch kein „schlechter als", … gibt.

Es ist die reine Anerkennung des Seins; mit „rein" im Sinne von Reinheit.

-

Dies ist der Weg und das Ziel, dass ich zu finden und zu erreichen suche. Der Weg ist das Ziel, das gleich (|) gültige Wahrnehmen, Wertschätzen und Handeln während ich diesen Weg beschreite.

Diese gleich gültige Wahrnehmung, das Erkennen und Anerkennen von Gleichgültigkeit ist <u>**nicht**</u> mit Lernen, d.h. dem Aneignen von Wissen erreichbar. Dies kann zwar unterstützend wirken.

Doch *bedenke*:

Wissen erreicht weitgehend nur das Bewusstsein. Und nur wenig davon erreicht das Unterbewusstsein.

Und das ICH ist die selbstständige, umfassende übergeordnete Ein – heit. Und in diesem ICH wächst und reift eine eigene Erkenntnis mit viel größerer Reichweite, nämlich all – umfassend, alles umfassend.

Dies *bedingt zuvor*

aber das Loslassen von der eigenen Wertevorstellung, Bewertung, ja sogar von der Suche nach einem eigenen Selbstwert!

3.13 Warum "Glück haben" "glücklich sein" ausschließt

Der Mensch versucht meist Glück zu **haben**, d.h. er sucht *außerhalb* seiner Person nach Glück.

Der Mensch, der versucht glücklich zu **sein**, sucht *innerhalb* seiner Person nach Glück.

Innen und außen schließen sich aus (entweder oder),

haben und sein schließen sich genauso aus.

Was man hat kann einem auch wieder genommen werden.

Was man ist, kann höchstens verändert aber nie ins Gegenteil umgewandelt werden.

Haben ist eine Eigenschaft des Seins.

Sein ist die Existenz an sich.

3.14 Wenn das Erlebnis "nur" noch Ereignis wird

Je mehr Ereignisse in einem Zeitabschnitt erlebt werden (sollen), desto weniger Zeit bleibt für das Erleben des einzelnen Ereignisses.

Das Erleben wird in seiner ursprünglich vielfältigen Wahrnehmung immer mehr reduziert bis schließlich nur noch eine einzige Art der Wahrnehmung davon möglich ist. Das ist meist Reduktion auf optische Wahrnehmung "Sehen", seltener auf akustisch bzw Hören.

Erlebnis ist aber viel mehr:

Sehen, Hören, Fühlen äußerlich (Tastsinn) und innerlich (seelisch, geistig), Geruch, Geschmack, …

Und außerdem gehört zum Erleben d.h. zur Teilnahme am Leben auch die Reflexion und sich bewusst machen was gerade erlebt wird bzw wurde.

Beispiel "Reisen":

je schneller ein Mensch reist desto mehr Ereignisse kann er vermutlich sehen. Jedoch bleibt ihm immer weniger bis gar keine Gelegenheit und Zeit mehr für eine "echte" Teilnahme am Leben in der Gegend, die er gerade bereist. Es bleibt auch immer weniger Gelegenheit z.B. die Luft erschnuppern, riechen (egal ob angenehm oder nicht) es geht auch um Probieren und Riechen vielfältiger Lebensmittel und Gerichte. Feuchter Waldboden und Wiese riechen anders als in einer Stadt. Der Tastsinn ist gefordert beim Be - treten unterschiedlicher Bodenarten, Befühlen von Gegenständen.

3.15 Das Rätsel der menschlichen Wahrnehmung

Der körperliche Mensch hat verschieden sensorische Fähigkeiten z.B.

physikalische wie Temperatur, optisch, akustisch,
　　　　　　　　Tastsinn, Geschmack, Geruch

"verborgene"　z.b. magnetische, elektrische

"unerklärliche"　z.b. Schmerz, Angst

Außerdem hat der Mensch die Fähigkeit zu bewusster und unbewusster Vorstellung von Bildern und Gefühlen

und das　　　sowohl aktiv　(eigene Erfahrungen,
　　　　　　　　　　　　　　　Erkenntnisse)
　　　　　　　wie　passiv　(von anderen Menschen
　　　　　　　　　　　　　　　gehört, gelesen)

Aus beiden, Sensorik und Vorstellung entsteht ein "Gesamt – **Ein**druck", Gesamt – Empfinden,

eine Ver**m**ischung und Ver**w**ischung der Wirklichkeit.

Weder will noch kann er die Realität erkennen, da seine eigene Vorstellung immer mitwirkt.

Die menschliche Wahrnehmung ist bildlich gesprochen
　eine fotografische Momentaufnahme,
　　in der er <u>selber</u> nach eigenen Vorstellungen und Wünschen noch kräftig drin rum malt.
　　("drin rum" = dar<u>innen</u> und <u>außen</u> rum)

Die menschliche Wahrnehmung funktioniert so ähnlich wie ein Stroboskop, nur umgekehrt.

Die einzelnen Lichtblitze entsprechen dem Auftreten von Ereignissen.

Die Pausen dazwischen sind die Dauer, die Zeit, und damit auch die Intensität, die der Mensch zum Wahrnehmen hat.

Häufig muss er während dieser "Pausendauer" sogar noch

reagieren (denken, entscheiden und handeln) bevor das nächste Ereignis eintritt.

Je schneller die Ereignisse (Lichtblitze) auftauchen, je mehr Erlebnisse pro Zeiteinheit der Mensch erleben will,
desto kürzer werden die Abstände,
desto weniger Zeit hat der Mensch, diese Ereignisse wahrzunehmen und zwar im Detail und Intensität.

Ab einer bestimmten Geschwindigkeit der Ereignisse kann der Mensch diese gar nicht mehr unterscheiden, er nimmt nur noch einen "Brei", ein verschwommenes Bild, Situation wahr. Und es entstehen Lücken in der Wahrnehmung, d.h. es werden nur noch z.b. jedes zweite, dritte oder noch weniger Ereignisse wahrgenommen.

Die Wahrheit, die Realität, seine Mitmenschen, alles kann nicht mehr differenziert betrachtet und bewusst gemacht werden.

Wenn der Mensch dann noch versucht, selber einzugreifen in das Geschehen, "benimmt" er sich mit ebenso zunehmender Treffsicherheit "daneben".

Die Wahrscheinlichkeit, dass der Mensch ein Fehlverhalten des Gesamtsystems auslöst, nimmt also auch zu.

Ebenso, dass die Wirkung des Fehlverhaltens an Stärke und Tragweite zunimmt.

70

3.16 Zeit, die menschliche Gier aus Angst vor dem Tod

Je schneller der Mensch versucht zu leben, desto schneller altert er auch.

Je schneller der Mensch Neues erschafft, desto schneller schafft er auch Altes, macht das ehemals Neue zu Alt.

Dies dient nur dem Zweck bzw geschieht aus der Angst, vor dem Tod möglichst viel zu konsumieren und erleben.

Es ist also einzig aus Gier nach "möglichst viel" vor dem Tod.

Es ist der "unglaubliche" Versuch, die Zeit zu verlangsamen indem man versucht, seine <u>bewusste</u> Wahrnehmung immer mehr zu beschleunigen.

Es ist einfach nur kurios:
der Mensch glaubt und versucht es immer wieder sogar zu beweisen, dass die Zeit mit konstanter Geschwindigkeit sich durch das All "bewegt" bzw quasi als Lineal da liegt, an der er vorbei läuft.

Und nun versucht er immer schneller zu laufen und noch schneller und – die Strecke, die er zurücklegen will, von der glaubt er, würde dadurch immer länger !?!

Je schneller er rennt desto schneller rennt er auch auf den Tod zu. Im wahrsten Sinne des Wortes "*er schafft sich immer schneller ab*". Er erreicht genau das Gegenteil von seinem ursprünglichen Wunsch.

Wenn das keine bewusste Selbst – Ent – Täuschung ist ??

Nun ist es aber so, dass "Zeit" im Kosmos gar nicht existiert sondern nur ein vom Menschen ausgedachtes Hilfsmittel ist, um seine Wahrnehmung ordnen und überschauen zu können.

Zeit wird erst da wichtig wo der Mensch sich seiner Vergangenheit bewusst wird. Erst ab diesem Zeitpunkt existiert auch Zukunft. Zuvor konnte er nur die Gegenwart wahrnehmen.

So ist nun klar zu erkennen, dass im Kosmos alles eine fortlaufende zeitlose Veränderung und Umwandlung ist.

Mit dieser Erkenntnis wird deutlich oder sollte zumindest erkennbar sein, *dass der Tod also gar nicht existiert, gar nicht existieren kann*.

Er ist lediglich eine Änderung in der Wahrnehmung und zwar ausschließlich in der bewussten, d.h. im Bewusstsein eines Menschen.

Es ist also umgangssprachlich klar eine "Einbildung", ein virtuelles Bild, eine **Vorstellung,** die weder je in der Vergangenheit gesehen wurde, noch in der Gegenwart noch in der Zukunft gesehen werden kann.

Es gibt das Sterben, den Vorgang des Sterbens was aber nix anderes ist als eine Umwandlung von Materie wie jeder Mensch täglich beobachten kann.

Die Wahrnehmung der Zeit ist abhängig davon, was Organe des Körpers wahrnehmen können und wahrnehmen.

Der Mensch, jedenfalls das was wir als Bewusstsein bezeichnen, ist jedoch auch in der Lage bzw besitzt die Fähigkeit, "geistiger" Wahrnehmung.

Trotzdem zieht der Mensch im allgemeinen nur "körper – gebundene" Schlüsse und Verständnisse, sucht nach

Erklärungen, Absichten, Handlungen, die vom Vorhandensein seines eigenen Körpers abhängig sind.

D.h. obwohl er "viel weiter sehen", viel größere Zusammenhänge erkennen kann, trotzdem versucht er, das Vorhandensein von nicht materiellen, "physikalisch nicht beweisbaren" zu verleugnen. Z.B. dass Träume "real" sind.

Der Umgang mit der Zeit wird immer widersinniger.

Das "Leben" des Körpers, seine Haltbarkeit wird immer mehr verlängert, sein geistiger Alterungsprozess immer mehr beschleunigt und die Haltbarkeit seines Geistes immer mehr verkürzt. Die Entwicklung geht auseinander.

Der Geist kann zwar immer komplexere Zusammenhänge erkennen und verstehen, nutzt sich aber immer schneller ab.

Welche Absicht steckt im Umgang mit der Zeit ?

Es gibt eine erstaunliche Analogie:

In der Technik und Dienstleistung schafft der Mensch immer komplexere Zusammenhänge aber die Haltbarkeit nimmt immer schneller ab, da der Mensch ja immer schneller Neues in Altes umwandelt.

Der Mensch entwickelt sich so wie das, was er erschafft !

3.17 Wahrnehmung und Wertschätzung des "ICH"

Erst im Tod erfährt der "wahre" Mensch, sein ICH, die maximal mögliche Wahrnehmung, Wertschätzung und innige Verbindung bzw Nähe.

Bis zum Tod ist alles im wahrsten Sinne des Wortes weitgehend _oberflächliche_ Wahrnehmung, Wertschätzung und es wird auch in erster Linie (immer ?) nur die Verbindung zur Oberfläche nämlich Hautkontakt gesucht bzw auf das äußere Erscheinungsbild Wert gelegt.
(beachte wieder jedes Wort "Erscheinung, Bild, Wert")

In der Tiefe kann nahezu unmöglich Kontakt entstehen solange der größte Teil aller Sinneswahrnehmungen auf den Empfindsamkeiten und Empfindlichkeiten von Organen d.h. bestimmten Teilen des Körpers beruht und gerichtet ist.

Welcher lebendige Mensch ist in der Lage, im 1. Schritt allein schon die gedankliche Wahrnehmung (Bewusstsein, logisch, rational) von ablenkenden körperlichen Wahrnehmungen zu lösen ?

Im 2. Schritt seine Emotionen von der körperlichen Wahrnehmung des Gegenüber zu lösen – abgesehen davon, dass das ja gar nicht nicht-gewünscht sondern im Gegenteil gewünscht wird ?

3.18 Wissen, Glauben, Erfahrung und Erkenntnis

Wissen wird meist mit Glauben verwechselt.

Glauben   entsteht aus den Formen der Wahrnehmung wie
Sehen, Beobachten, (zu)hören, fühlen
das nennt man auch "Erfahrung"

aus Lehre und Lernen

Erkenntnis kann man nicht lehren und nicht lernen
nur Hilfsmittel zu finden;
und deren Anwendung zum Erlangen von
Erkenntnissen.

Wissen   entsteht aus selber erkennen
ist immer eigene Erkenntnis.

Wer zu wissen glaubt,
verwechselt Gelerntes mit Erkenntnis.

Gelerntes ist Wiederholung, Nachahmung und Verwendung
von Erfahrungen.

Erfahrung und Erkenntnis sind zweierlei.

Erfahrungen kann man sammeln
sowohl aus Lernen
als auch aus Erkenntnissen

Lernen   ist der Weg zur Erkenntnis

Lehren, wie man den Weg beschreiten soll.

<u>Wissen</u> enthält einen "Absolutheitsanspruch" an die Gültigkeit.
Doch wie steht es allgemein mit der Gültigkeit ? Wer gibt die Bestätigung, in welcher Form ?
=> daraus liegt die Frage offen vor uns:
  kann es "echte" Gültigkeit,
  kann es echtes Wissen überhaupt geben ?

Aufgrund der doch "ziemlich" eingeschränkten Wahrnehmungs-, Ausdrucks- und Einsichtsfähigkeiten kann der Mensch **grundsätzlich** fast ausschließlich **glauben statt wissen**.

<u>Eine Erfahrung hat nur "Sinn"</u>,
  wenn aus der Erfahrung eine Deutung,
  eine Information, eine Bedeutung,
  eine neue Erkenntnis gewonnen werden kann
  und auch gemacht wird
  (muss nicht sofort sein, meist kommt die Erkenntnis erst später).

Ohne Erkenntnis ist eine Erfahrung bedeutungslos.

Die Erfahrung kann trotzdem ein schönes oder weniger schönes Erlebnis sein.

80

3.19 Frieden

Frieden schaffen = ausbalancieren

Frieden sein = ausgeglichen sein

Frieden kann auf der irdischen Welt niemals „sein".

Alles ist in Bewegung, es ist ein ständig neues Ausbalancieren notwendig.

Auch Wachstum ist Bewegung.

Wachstum findet innen = Bewusstsein
und außen = diese Welt
statt.

Die "Grenze" ist eine "Schicht" und das ist der Körper eines Menschen.

Unausgeglichenheit im Körper und / oder in der Seele äußert sich im wahrsten Sinne des Wortes "außen" nämlich als körperliches Krankheitssymptom.

Es ist also Unausgeglichenheit zwischen Wahrnehmung und Deutung = fehlende Erkenntnis der wahren Bedeutung.

Daraus folgt auch das Ziel nämlich diese Erkenntnis zu gewinnen, zu finden.

Dieses Ziel kann nur gefunden werden, wenn der Mensch "bewusst" auf den Tod zu lebt.

Damit ist NICHT gemeint, dass er möglichst schnell sterben sollte, sondern "Schritte" im Leben tun mit möglichst vollem Bewusstsein.

Daher auch die Gültigkeit des Spruchs
"Der Weg ist das Ziel"

Denn der Weg des wahren ICH führt durch den Tod hindurch in eine "andere Welt" (der Wahrnehmung).

An anderer Stelle habe ich versucht, verständlich zu machen, dass und warum Grenzen nur im Bewusstsein existieren.

Das Durchschreiten der vermeintlichen "Grenze" des Todes ist aber nur ein weiterer Schritt auf dem Weg des ICH (zur Einheit).

Ein weiterer Schritt in Richtung Frieden, zur Balance, zum Gleichgewicht.

Den Tod durchschreiten ist also erforderlich, um Frieden schaffen und finden zu können,
ist erforderlich zur Auflösung der polaren Trennung, zum Wiederherstellen der Einheit.

84

3.20 Form und Inhalt – Ursache und Absicht, Zweck

Oft ein schwer durchschaubares Paar.

Jede materielle Existenz besitzt eine Form und einen Inhalt,
  besteht aus Teilen und
  besitzt eine Gestalt, die mehr als die Summe ihrer Teile ist.

Jede Existenz hat zugleich Zukunft und Vergangenheit und wird durch beide bestimmt.

Krankheit z.B. ist die formale Ausprägung von einer "Veränderung".

Symptome besitzen Inhalt und deuten auf die Absicht der Krankheit hin.

(Eine) Medizin versucht Symptome zu beseitigen.

"Die" Ursache kann niemals gefunden werden denn sie entspringt einem **_kausalen_ _Denken_** und damit muss zwangsweise für jede gefundene Ursache eine tiefere Ursache vorhanden sein.

→ die Absicht, eine "Unstimmigkeit, Fehlfunktion zu zeigen",
  besteht trotzdem weiter
  und sucht sich neue, andere Symptome
  (Symptomverschiebung).

→ um alle möglichen funktionalen Ursachen zu beseitigen,
  müsste der menschliche Körper bescitigt werden.

*Die Form wird haltbarer,
der Inhalt altert immer schneller, weil ein neuer geschaffen wird, der den alten verdrängt.*

3.21 Farbe

Farbe kann verändert werden. Es existiert aber kein Gegenteil zu Farbe an sich.

Farb – los =   ohne Farbe = transparent, es gibt aber auch transparente Farben.

Schwarz und Weiß sind keine Farben, das erste ist (max) Finsternis, das zweite (max) Helligkeit oder die Mischung aus allen Farben.

88

4   *Von der Klarheit der Gedanken*

Die unterschiedliche ineinander überfließende Transparenz im Wasser, in der Luft, in der Materie und im Bewusstsein erkennen lernen.

Und auch akzeptieren, dass im irdischen Leben nirgends absolute Klarheit, Reinheit zu finden ist.

Denn das wäre das "Nichts".

Letztendlich d.h. unendlich gibt es aber nur "alles" als all – umfassende EINheit.

Und nur wo EIN - heit im letzten Sinne existiert, da kann auch wirkliche Reinheit = Klarheit gefunden werden.

-

es kann also auch hier in diesem Text
  weder Einheit
  noch Reinheit oder Klarheit
gefunden werden !

"...die menschliche Wahrnehmung ist bildhaft gesprochen

eine fotografische Momentaufnahme,

in der er selber nach <u>eigenen</u> Vorstellungen + Wünschen
   noch kräftig drin rum malt
     (drin rum = dar<u>innen</u> und <u>außen</u> rum)

92

5 *Nachwort*

Folgende "Hilfsmittel" d.h. Bücher sind mir wichtig geworden bzw waren entscheidend auf meinem Weg von der Gleichgewichtsstörung zu neuer Balance:

1. Clemens Kuby, "Heilung, das Wunder in mir"

    Dieses Buch half mir als ersten Schritt, meinen Fokus weg von der Suche nach einer Ursache, hin zu einer Suche nach möglichen Heilungsprozessen in mir zu machen (Selbstheilungskräfte)

2. Ken Wilber, "Wege zum Selbst"

    Dieses Buch las ich, um tiefere Erkenntnisse zu erlangen, was das Bewusstsein eines Menschen überhaupt ist und wie es funktioniert.

    Hier fand ich den Gedanken "Evolution " d.h. (Weiter-) Entwicklung des Bewusstsein in der Menschheitsgeschichte. Um da tiefer reinzuschauen las ich das nächste Buch.

3. Ken Wilber, "Halbzeit der Evolution"

    Dies ist ein sehr interessantes und gut verständlich geschriebenes Buch über die Entwicklung des menschlichen Bewustseins.

4. Thorwald Dethleffson + Rüdiger Dahlke

    "Krankheit als Weg"

    Dieses Buch las ich, damit ich zu einem tieferen

Verständnis über die Bedeutung von Krankheit im Bewusstsein eines Menschen gelangen konnte.

Nur der erste Teil des Buches ist hierfür wichtig und äußerst aufschlussreich !!!

5. Thorwald Dethleffson, "Schicksal als Chance"

Dieses Buch las ich, weil mich die Frage beschäftigte "ob es überhaupt Sinn macht, eine Krankheit heilen zu wollen ?".

Aus dem Buch habe ich gelernt weil sehr gut verständlich erklärt, dass das gar nicht geht ! (Staunen)

Heilen kann ausschließlich der Mensch selber und zwar von innen raus. Zuerst muss immer der Geist, das Bewusstsein heilen. Anschließend heilt auch der Körper d.h. die Krankheitssymptome verschwinden.

Meine zusätzliche Empfehlung dazu:

6. Rüdiger Dahlke, "Krankheit als Sprache der Seele"